RAISON

ET

PATRIOTISME.

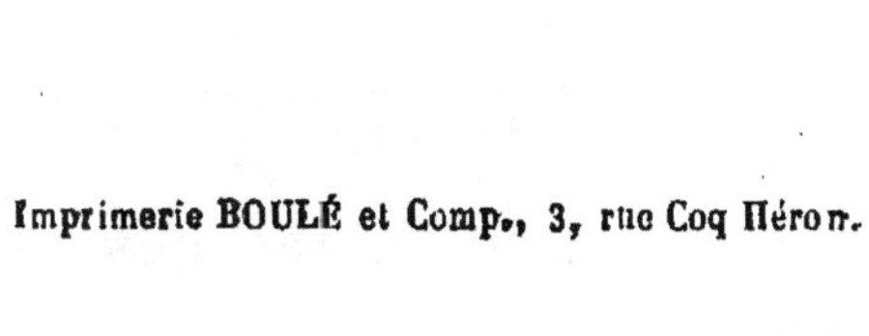

Imprimerie BOULÉ et Comp., 3, rue Coq Héron.

Raison

ET

PATRIOTISME,

PAR

AUGUSTE DE BRACEVICH.

A modo di leon , quando si pone..

Je crois entendre l'équipage d'un grand vaisseau , murmurer contre la manœuvre et crier : Toutes voiles au vent !... à l'habile et prudent pilote qui, entouré d'écueils, enveloppé d'une épaisse brume , persiste à demeurer en panne ; attendant , dans sa sagesse, l'instant où il pourra franchir la passe fatale et entrer heureusement dans le port.

PARIS.

BAUDRY, LIBRAIRE-ÉDITEUR,

RUE COQUILLÈRE , 34.

—

1840.

RAISON

ET

PATRIOTISME.

———

La grande, la glorieuse bataille qui dura trois jours, et qui montra à l'Europe alarmée ce que peut un peuple qui préfère la mort à l'esclavage, n'aurait dû être que le triomphe de la Charte ; l'orgueil national en fit une révolution.

Jamais une occasion plus belle et plus mémorable ne s'était présentée à un peuple de faire de sa Charte une vérité. Les armes n'avaient été prises que pour sa défense ; le sang n'avait coulé que pour son triomphe, et, le lendemain de la victoire, le principe fondamental de cette Charte, l'inviolabilité du chef de l'État, était foulé aux pieds... Trois générations de rois étaient chassées du trône !... Hommes puissans d'alors, qu'avez-vous à répondre?... N'alléguez point la nécessité, elle est l'excuse des tyrans, et vous étiez les chefs d'un peuple libre. Les morts criaient vengeance ! me direz-vous, et le sang des blessés coulait encore... Eh bien ! pour apaiser les mânes des uns et la douleur des autres, la Charte vous donnait la tête des ministres. La hache de la loi qui se serait levée sur elles, aurait, en tombant, jeté dans tous les cœurs une crainte salutaire et inspiré un saint respect pour nos institutions.

Le but que vous disiez poursuivre depuis quinze ans aurait été atteint ; la Charte aurait enfin été une vérité ; l'Europe aurait applaudi sans alarmes à votre modération et à votre sagesse ; le roi, convaincu désormais que son trône était inébranlable, n'aurait plus, pour le consolider, exposé la France à de nouvelles commotions, et le peuple, délivré de la crainte des empiétemens du pouvoir, aurait vécu heureux sous son égide paternelle.

Mais j'entends une voix qui me crie :

« Elle n'était point l'œuvre des mandataires de la nation,
» cette pâle Charte que le flot populaire vient d'emporter
» dans sa fureur, et les nations, aux jours de leur colère, ne
» respectent que leur propre ouvrage. Nous gémissions courbés
» sous les fourches caudines, lorsqu'un roi de par le droit
» divin nous là jeta comme un joujou, en nous disant : Je
» vous la donne, c'est un cadeau que je vous fais ; tandis
» qu'il pensait en lui-même : Je la leur prête ; de par l'ar-
» ticle 14, mon successeur la reprendra. »

En 1814, en 1815 surtout, la nation, profondément malheureuse, fut injuste ; on l'est presque toujours quand on souffre. Elle considéra la race de ses anciens rois comme l'auteur de tous ses maux, tandis que cette race antique et vénérée employait au contraire toute son influence auprès des souverains étrangers pour adoucir les horreurs de l'invasion et pour obtenir d'eux des concessions qu'ils n'auraient faites à personne autre.

Mais la fatalité pesait sur cette famille comme jadis sur celle des Stuarts, et cette fatalité, ni le génie de Louis XVIII, ni tout ce que Charles X avait dans le cœur de bon et de chevaleresque, ne purent ni la conjurer ni la vaincre ; c'était écrit, il fallut céder ; il fallut se retirer devant le flot de la fureur populaire, et aller demander un asile à la terre d'exil.

La révolution de 1830 ne fut, après la victoire, ni sanguinaire ni violente. Dieu, pour récompenser de sa modération le peuple qu'on s'efforçait déjà d'entraîner à de grands excès, dirigea et bénit son choix. Inspiré par lui, il éleva sur le pavois national un prince en qui brillaient toutes les grandes qualités qui font un bon roi. Placée sous l'égide de sa haute sagesse, la France a vu sans crainte se dresser devant elle l'hydre de l'anarchie, qui, furieuse d'avoir été gagnée de vitesse, a déjà tenté bien des fois de renverser un trône qui enlève tout avenir à ses saturnales.

Depuis Pharamond, le premier de nos rois, Louis-Philippe est le seul chef d'une dynastie nouvelle qui ne se soit point emparé violemment du pouvoir, et qui ait reçu des mains des mandataires de la France la couronne qu'il porte avec tant de fermeté et de sagesse.

Ainsi, depuis une longue série de siècles, c'est pour la première fois que la souveraineté populaire a été reconnue et qu'elle s'est exercée dans toute son étendue et dans toute sa franchise.

La France a dit : Voilà la Constitution que je me suis donnée ; par cette Constitution, votre personne est déclarée inviolable et sacrée, vos ministres seuls sont responsables. Jurez de la maintenir, et la couronne demeurera héréditaire dans votre famille, aussi longtemps que ce serment ne sera point violé.

Ainsi, tant que le roi n'agit que sous le contre-seing des ministres, n'importe comment et de quelle manière, à eux seuls tout le poids de la responsabilité des actes de son gouvernement : monter plus haut serait un crime, une violation de la loi.

Ainsi la nation ne saurait recouvrer de fait et de droit sa souveraineté (on ne saurait le crier trop haut ni le répéter trop souvent) que si le chef de l'État, en proie à un esprit de vertige, dédaignant le concours obligé des ministres et des chambres, renvoyait les uns, dissolvait les autres, en appelait à l'armée, et frappait à la fois la Constitution de son épée et de son sceptre.

Cette vérité incontestable une fois posée, toute révolution est bien loin de nous, et, si je comprends facilement toute la violence de l'opposition du parti démocratique et toute l'amertume de ses regrets, je ne puis me rendre compte ni des craintes, ni des inquiétudes, ni des répugnances des souverains étrangers à notre égard.

Eh quoi ! puissans monarques, ne serait-ce donc que par une cabale, par une coterie, et non par la grande voix de vos peuples, que vous, ou le premier des vôtres, auriez été appelés sur le trône où vous êtes ? C'est par le droit divin ! dites-vous ; mais le droit divin, conçu dans son acception raisonnable, ne peut prendre sa source que dans l'élection populaire ; car : Voix de peuple, voix de Dieu.

Par le droit divin ! dites-vous. Eh bien ! voyons de quelle manière pure, céleste, évidente, il s'est manifesté pour amener successivement sur vos têtes ces couronnes dont vous êtes si fiers.

Je commencerai par Votre Majesté, puissant autocrate de toutes les Russies. Permettez-moi de remonter votre arbre généalogique ; vous le ferez avec plaisir, car votre race, à vous, n'est point tarée...

Je m'arrête au premier pas... je respecte la profonde douleur que réveille en vous le souvenir d'un grand crime qui ne fut pas le vôtre.

Tandis que les autres puissances de l'Europe nous boudaient ou nous menaçaient, l'Angleterre, avec toute la supériorité de son fatal génie, vit d'un coup d'œil que si notre gouvernement ne trouvait aucun appui au dehors, il ne pourrait peut-être maîtriser long-temps l'effervescence nationale, et elle s'empressa de nous tendre sa main perfide, dans le seul but de retenir la nôtre qu'elle craignait de nous voir porter sur les traités de 1815, son ouvrage et ses amours.

Aujourd'hui que ses craintes se sont calmées, elle a déserté notre alliance pour aller envahir la Syrie et détourner ainsi l'attention publique des dépradations qu'elle médite dans l'empire chinois.

Fière de l'appui momentané de trois grandes puissances, elle se flatte de décider sans nous une des plus grandes questions du monde politique, et de renverser en passant l'homme que le Nil, depuis quarante années, a vu progressivement s'élever si haut, que les sultans en ont tremblé dans Bysance.

Méhémet-Ali, cet homme si étonnant, si extraordinaire que l'histoire ne saurait lui en comparer aucun autre; cet homme devant qui le désert s'est jeté en arrière, a, par les prodiges de son génie, agi comme la pile voltaïque sur le peuple cadavre que des myriades de tyrans foulaient aux pieds depuis des siècles. A sa voix la vie lui est rentrée par tous les pores; il s'est levé, comme aux jours de Sésostris, plein d'avenir et de gloire; et sur un signe de sa main puissante, on l'a vu venir s'asseoir au vaste banquet de la civilisation pour y prendre sa part des douceurs et des inépuisables bienfaits de l'industrie, du commerce et des arts.

Méhémet-Ali a renouvelé sous nos yeux les miracles de la création; nouveau Dieu de l'Égypte, de rien il a tout fait. Il a créé des champs fertiles, de florissantes manufactures, une puissante flotte, une armée victorieuse, une nation enfin, là où il n'y avait rien; rien que des sables arides et des esclaves malheureux.

Et aujourd'hui, quatre dès souverains de l'Europe qui devraient admirer, la tête dans la poussière, ce roi, ce législateur, ce guerrier élevé au dessus d'eux de toute la distance incommensurable qui sépare le génie de la nullité, ne rougissent pas de se liguer pour lui arracher le fruit des merveilleux efforts de toute son héroïque vie. Cet acte qu'ils osent commettre à la face du monde entier, est plus vil, plus odieux qu'aucun de ceux dont se souillèrent jamais, dans le silence et dans la solitude du désert, les Bédouins sauvages que sa main puissante a arrachés à une vie errante et vagabonde, à une vie de meurtre et de pillage, pour les pousser dans la voie de la civilisation et du progrès.

Ces fabuleux don Quichotte de la liberté osent l'appeler tyran !... Mais que sont-ils donc eux-mêmes dans l'Inde, en Sibérie, en Hongrie, en Pologne, en Irlande, au sein de leurs propres États, partout enfin où pèse leur sceptre de fer ?... Leur tyrannie, à eux, est l'action de la force brutale qui comprime le noble et saint élan d'hommes qui demandent la constitution qui leur a été promise, ou la nationalité qui leur a été ravie. Sa tyrannie, à lui, est l'action du génie qui s'exerce sur des masses inertes, qui les force à sortir du chaos et à prendre place au rang des peuples civilisés. Méhémet-Ali est le grand statuaire de l'Égypte; il a taillé une nation sur un amas d'esclaves; mais, comme les Phidias de tous les âges, il n'a pu donner des formes et une physionomie à un bloc inerte, sans frapper et beaucoup.

Aujourd'hui on l'attaque, sur ses côtes, par des descentes à mains armées, et à la tribune, par des colonnes de chiffres.

Arrière les marchands rapaces ! arrière les envahisseurs ! arrière les chiffres ! car les chiffres n'ont pas de sentiment, ils ont toute la sécheresse d'un squelette, et comme lui ils sont sans entrailles et sans cœur.

Après l'avoir contraint à épuiser les ressources de son trésor et de son génie par l'état violent de doute et d'inquiétude où on l'a tenu sur les limites du vaste cercle tracé autour de lui par sa forte et vaillante épée, on se croit déjà assez fort pour oser attaquer sa gloire et prédire sa chute. Mais Méhémet l'a dit, et les événemens le prouveront peut-être : Dieu est plus grand que tous les hommes !

Le passé doit servir d'exemple au présent et à l'avenir.

Que la Porte, la plus intéressée de toutes les nations dans cette question brûlante d'Orient, songe aux résultats qu'a eus pour elle la vengeance exercée sur Ali, pacha de Janina. Il avait détruit la tyrannie des capitaines des montagnes, comme Méhémet celle des mamelouks du Caire ; devant lui l'anarchie avait baissé sa tête hideuse, plus hideuse mille fois que le glaive du despote. Le pays s'était soumis, la Porte recevait un tribut dont elle avait perdu l'habitude, et une armée puissante était tenue à sa disposition en cas d'attaque des infidèles. Le stupide Mahmoud voulut plus encore ; on lui résista ; il fit marcher des troupes, la trahison s'en mêla, et la tête d'Ali-Pacha fut portée à Constantinople. Mais en abattant cette tête, Mahmoud abattit aussi le bras qui retenait la Grèce captive ; sa mort ranima l'insurrection naissante, en assura le succès, fit perdre à la Porte une de ses plus belles provinces, et donna un trône à Othon.

Mais Méhémet-Ali est bien autrement puissant que ne l'était Ali-Pacha ; sa domination a poussé dans le sol des racines bien autrement profondes. Ses mœurs et ses victoires l'ont fait considérer dans tout l'empire comme le bien-aimé du Prophète et l'espoir de l'islamisme ; car c'est lui qui a délivré les villes saintes dont la captivité mettait, d'après le Coran, Mahmoud en interdit ; c'est lui qui a conquis, en Afrique, plus de provinces que la Porte n'en a perdu en Europe.

Ses destinées l'appelaient à Constantinople ; par trois fois la fortune lui en a ouvert les portes, et par trois fois il s'est arrêté. Voilà sa faute; elle pourra lui coûter plus cher que n'aurait jamais pu le faire l'audace de l'entreprise qu'il n'a osé tenter; et cependant il a pu entendre la voix du peuple qui l'appelait. Ce peuple a perdu, quoi qu'on en dise, toute confiance en la race d'Osman, qui n'a plus à ses yeux la sanction du Prophète, car elle n'a plus celle de la victoire. Depuis long-temps il jette autour de lui des regards inquiets il voit avec effroi crouler l'empire des califes; il attend un sauveur, et ce sauveur il l'avait vu en Méhémet-Ali, dont le glaive avait délivré les villes saintes et exterminé les profanateurs.

Une fois à Constantinople, on n'eût point permis à la Russie de l'en chasser; car elle aurait acquis par là une trop grande prépondérance sur le sultan, rétabli par elle; et d'ailleurs il ne s'agissait pas pour l'Europe d'une question de dynastie.

Mais, me dira-t-on, c'est la France qui l'a arrêté. La France a suivi en cela les intérêts de sa politique, qu'on l'accuse si souvent d'abandonner, et auxquels elle veille avec tant de soins; et Méhémet n'aurait dû prendre conseil que de sa fortune et de son courage. Il aurait dû voir que la France ne voulait le retenir à Alexandrie que pour contrebalancer, par l'influence prédominante qu'elle exerçait sur lui, celle que le czar avait sur le sultan. Il aurait dû voir que la France craignait avec raison qu'une fois à Constantinople, il ne fût lui-même insensiblement, et par la force des choses, soumis à la prépondérance de la Russie, dont les vaisseaux n'ont qu'à s'abandonner au courant pour, en quelques jours, venir de Sébastopol mouiller dans le Bosphore.

Mais la France, dites-vous, n'a pu arrêter la marche victorieuse du puissant pacha qu'en lui faisant de grandes promesses; ces promesses, son honneur exigeait qu'elle les tînt, et elle ne l'a point fait; elle a trahi Méhémet-Ali. Et de là un débordement de fureur, de violences et de non-sens.

La France ne s'engage qu'avec sagesse, et s'exécute avec fermeté. Elle n'avait promis à Méhémet-Ali qu'une seule et unique chose : de ne pas se joindre à ses ennemis, et d'employer en sa faveur toute son influence morale; et vous oseriez dire qu'elle a manqué à sa parole, quand, pour lui, elle a armé sur terre et sur mer; quand, pour lui, elle a répandu son or à pleines mains; quand elle se montre prête à faire plus encore, si l'honneur et les événemens l'exigent.

En présence de ces événemens, il me semble que tout bon citoyen devrait avoir une confiance entière dans le Gouvernement. Plus haut placé que nous, il voit ce que nous ne saurions voir et il entend ce que nous ne saurions entendre; il sait ce que nous ignorons; car, dans toutes les cours de l'Europe, il y a des échos qui arrivent jusqu'à lui.

Et d'où pourrait lui venir une indigne faiblesse? Ne sait-il pas qu'il commande au plus brave des peuples?... C'est plus que de la faiblesse, dites-vous, c'est de la peur! De la peur! Et pourquoi? A lui les triomphes, à lui les lauriers de la victoire ou l'honneur d'avoir tenté de les cueillir; à nous le sang à répandre ou les malheurs à essuyer. Mais, continuez-vous, il sait que la guerre pourrait nous fournir les moyens de le renverser, et que nous en profiterions.

Ainsi donc, en présence de l'étranger qui menace, c'est vous qui retenez son bras et qui lui criez : Frappe! Ainsi donc, ce que vous appelez sa peur est votre propre crime; le crime de la tempête menaçante que vous soulevez autour du vaisseau de l'État. Le voyez-vous, enfin? le comprenez-vous?

Rendons graces au ciel, cependant, de ce que la tyrannie de la presse est aujourd'hui la seule qui afflige nos regards; car celle-là du moins, ne peut exister qu'en présence de la liberté, et ses excès mêmes nous rappellent chaque jour que nous avons le bonheur de vivre sous un roi constitutionnel.

Sous l'égide de nos institutions, dont elle est l'ame et l'essence, la presse, nouvel Achille, vulnérable sur un seul point, voudrait tout faire plier devant elle, et se laisse presque toujours égarer par une injuste et fatale colère. Ne nous en étonnons pas : les passions ont à lui dicter bien plus de choses que le bon sens et la raison ne sauraient le faire; et la presse a des actionnaires et des abonnés; il lui faut sa vie de chaque mois, de chaque semaine ou de chaque jour; de là parfois de singuliers contrastes.

Voyez cet écrivain aux nobles élans de cœur! Si les flots de la Meuse en furie vous emportent, il s'y précipite, il vous sauve; mais si vous offrez au contraire un aliment à ses petits livres, la même main qui vous aurait ramené sur la rive va vous saisir au château ou dans la mansarde; l'écrivain s'empare de vous et complète avec vous, à l'aide de sa plume spirituelle et plus affilée qu'un poignard vénitien, le nombre de feuilles qu'il lui faut chaque mois.

Il est un homme de génie auquel les fureurs et les calomnies de la presse n'ont pas fait défaut. Son moral, son extérieur, rien n'a été épargné ; mais tout est venu se briser sur le bronze de son caractère. Cet homme avait dès l'enfance le pressentiment de son puissant avenir. On l'a vu, dans des momens d'impatience envers le sort, frapper de sa main son front à vaste capacité, en disant : « Et pourtant il y a quelque chose là ! » Ce quelque chose a retenti dans le monde entier : c'était l'historien célèbre, l'éloquent orateur, le fougueux président du conseil des ministres.

Un coup d'œil jeté sur son extérieur, qui respire l'énergie et l'audace, fait justice du *Charivari*. Une seule réflexion sur sa conduite dans ces derniers temps réduit à rien les calomnies de dix autres journaux. Si l'ambition, comme ils le supposent, était le seul mobile de toutes ses actions, de toute sa conduite, c'est à l'instant même où le canon français refusait de répondre à celui de Beyrouth, qui retentissait au loin, qu'il aurait donné sa démission. Alors il ne serait sorti du ministère que pour monter sur le pavois patriotique ; alors il aurait mérité de justes reproches, et il n'aurait reçu que des louanges et des éloges d'une partie de ses détracteurs de la veille ; mais, tout entier à l'accomplissement de ses devoirs, il a laissé échapper une occasion d'acquérir une grande popularité, pour résigner, à quelques jours de là, lorsqu'il a cru devoir le faire, un pouvoir qu'il devait déjà sentir lui échapper.

Dernier président du conseil des ministres, votre loyal concours ne manqua jamais à la dynastie nationale ; vous n'imiterez point le funeste exemple donné dans d'autres temps, par un des plus grands hommes de l'époque, qui, faisant allusion à la catastrophe qu'on prévoyait que sa conduite pourrait amener, s'écriait à la chambre des pairs :

« Qu'on me laisse la liberté de la tribune, et, au bout d'un an, je
» remènerai les Bourbons sur le trône, ou je porterai ma tête sur
» l'échafaud ! »

Il a vu les Bourbons contraints de s'exiler, et la tribune lui est demeurée ouverte ; mais en face des faits accomplis, toute espérance s'est éteinte, toute illusion s'est évanouie dans le cœur chevaleresque de l'homme de génie. Une profonde douleur s'est emparée de lui, sa bouche éloquente est demeurée muette, et sa plume harmonieuse a même cessé de servir d'interprète à d'inutiles regrets.

Hommes de bien de toutes les classes, citoyens célèbres ou inconnus, riches ou pauvres, prêtez l'appui de vos talens, de vos voix ou de vos vœux à notre trône constitutionnel ; soutenez-le de tous vos efforts ; songez qu'il est la dernière ancre de salut qui nous empêche d'être emportés par la marée montante.

Eh ! qui pourrait désormais passer devant la porte des Lions sans jeter un regard de reconnaissance vers le ciel, sans bénir Dieu dans son cœur ! Ce lieu a été témoin d'un miracle.

Voyez ce poste sous les armes, ces sergens de ville qui rôdent et veillent ; cette escorte de citoyens et de soldats qui entourent la la voiture royale, cette voiture dont tant de crimes ont fait un rem-- mobile. Voyez s'élever ce poteau où se balance une lanterne;

il semble placé là pour veiller, lui aussi, contre toute surprise ; pour écarter le crime, qui recherche l'ombre et le mystère.

Puissance et prudence humaines, que pouvez-vous ?...

L'escorte qui entoure la voiture va la signaler à l'assassin ; le poteau va servir de point d'appui à sa carabine meurtrière ; la pâle clarté de sa lanterne va lui servir à diriger un coup plus sûr ; les soldats sous les armes vont attirer sa royale victime ; il l'attend. Soudain les tambours battent aux champs, il apprête son arme ; la voiture s'avance, il abat sa carabine ; le roi paraît à la portière, il lâche la détente ; le coup part à bout portant.

Puissance et prudence humaines, que pouvez-vous ?...

Mais celui dont la main divine pousse les astres et retient les mers, Dieu aime le grand peuple ; de nouveau il sauve son Roi.

France, tressaille d'allégresse ! élève vers le ciel tes actions de graces : il est sauvé ; il t'est rendu par un nouveau miracle ce Roi dont Dieu lui-même s'est fait l'ange gardien !

S'il est quelque chose qui puisse rassurer sur le retour de pareils forfaits, c'est de voir, par les antécédens de l'assassin, que le crime va chercher ses séides si bas, si bas dans la boue, qu'il finira par s'y étouffer.

Il est des hommes dont les écrits sont autant de brûlots lancés contre la société, et dont les paroles retentissent comme la trompette fatale de Jéricho. Ces hommes sont pour nous bien autrement dangereux qu'O'Connell ne l'est pour l'Angleterre ; car O'Connell ne veut qu'agiter ! agiter ! sans se souvenir que la mer qui s'agite depuis des siècles n'a encore produit que des tempêtes et des naufrages ! Et eux veulent détruire, abattre, niveler ; rien ne saurait trouver grace à leurs yeux : il leur faut le chaos ; car de ce chaos ils prétendent tirer un monde meilleur et plus heureux que le nôtre ; ils ne regardent le grand peuple que comme un amas de bétail humain, et notre société que comme un chenil. Ne leur dèmandez pas où se trouve leur peuple modèle, sous quel ciel il respire, sur quelle terre il vit ; car ce peuple n'existe que dans leur imagination, vaste comme les enfers, qui y ont jeté toutes leurs flammes, et dont, sans s'en douter, ils nous apporteraient toutes les tortures.

Ces hommes rêvent le bien et enfantent le mal ; ils veulent comme nous le bonheur des classes ouvrières, et tous leurs efforts ne sauraient tendre, en troublant l'ordre et la paix à l'intérieur, qu'à leur enlever jusqu'à l'espoir d'un meilleur avènir.

Patriotes exaltés, vous avez du sang au cœur et beaucoup ; mais ce sang se porte trop souvent à la tête. En n'écoutant d'autre voix que celle de vos passions, en les prenant pour guide, vous vous égarez comme ces hommes de la fable à qui des dieux ennemis envoyaient de fantastiques visions à la poursuite desquelles ils s'éloignaient à jamais du but qu'ils voulaient atteindre.

Je sais, comme vous, que dans la société moderne, l'abeille est encore plus mal nourrie, plus mal logée que ne l'est le frelon. Je sais qu'on y souffre encore et beaucoup ; je le sais ! L'amour du travail, les talens, les droits acquis, y trouvent rarement grâce ou protection ; ils y sont presque toujours foulés aux pieds par l'égoïsme, l'indifférence ou le népotisme. Mais le mal est dans l'homme, mais l'inégalité des conditions et des fortunes existera toujours quoi qu'on fasse, et contre les vices de cœur, qui ne se trahissent par aucun acte, coupable devant la loi, que peuvent toutes les législations du monde, que peuvent toutes les formes possibles des gouvernemens que vous rêvez?... Rien.

Et vous fermez malheureusement les yeux à la lumière qui vous vient d'en haut, vous refusez d'entendre des paroles de vie, de vérité et de salut !

Apprenez que là où les lois humaines n'ont plus aucun empire, les lois divines peuvent en exercer un absolu et tout-puissant ; car la religion agit sur la nature même de l'homme, elle corrige ses mauvais penchans, elle triomphe de ses passions désordonnées, de son orgueil, de son égoïsme ; elle lui donne le sentiment du juste, du beau et du bon ; elle fait naître en lui l'amour du prochain et le désir, le besoin, le devoir de lui être utile ; de là cette charité chrétienne, cette charité active et voilée, capable, si elle descendait dans tous les cœurs, de changer à elle seule la face de toutes les sociétés de la terre, capable d'y sécher tous les pleurs et d'y porter remède à tous les maux.

— Mais, hélas ! aujourd'hui comme par le passé, la foi est impuissante à dessiller vos yeux, et vos cœurs semblent, par moment, fermés à tout esprit de justice et de modération ; car les passions politiques vous égarent de plus en plus.

Dans des temps dont peu d'années nous séparent, vous ne trouviez pas de paroles assez fortes pour blâmer ceux qui exigeaient qu'on accordât des signes extérieurs de respect aux emblêmes révérés de la religion de nos pères, et aujourd'hui vous osez prétendre que ceux qui ne partagent pas vos convictions politiques rendent à vos chants l'hommage que vous vouliez pouvoir refuser à l'image sacrée de leur Dieu et du vôtre. De quel droit, alors qu'il vous plait de faire retentir les voutes des édifices publics du noms chéri de liberté, voulez-vous violenter en son honneur les opinons et les consciences! N'est-ce point là le comble de la folie, la dernière limite de l'extravagance où d'aveugles passions peuvent nous entraîner! Ah! laissez donc assis, si bon lui semble, ce citoyen qui, pour ne point unir sa voix à la vôtre, pour ne point joindre son hommage à votre hommage, son enthousiasme à votre enthousiasme, n'en est pas moins que vous, peut-être, dévoué à son pays. Mais ce chant qui vous transporte ne lui rappelle à lui sans doute que de bien tristes souvenirs. Un des siens, un père ou une mère, un frère ou une sœur, aura été conduit à la mort au chant que vous faites retentir à ses oreilles, et qui ne peut faire sur lui que l'effet d'un glas funeste.

. . . .

Hélas! il n'est que trop vrai, le chant de la Marseillaise, ce chant destiné à faire de tout citoyen un soldat et de tout soldat un héros, fait encore pâlir d'épouvante plus d'un habitant paisible de nos cités, et pourquoi? C'est qu'ainsi que la plupart des belles choses de ce monde, il a eu son horrible, son affreuse parodie.

Tandis qu'il devenait dans nos camps l'hymne de la victoire pour l'intrépide jeunesse qu'il avait fait voler à la sainte défense du sol natal, il devenait dans nos villes le prélude du meurtre et du massacre. Des tigres, au visage humain, osaient l'entonner autour des fatales charrettes qui menaient à la mort les innocentes victimes des hommes puissans d'alors, tyrans à jamais exécrés et maudits!...

Tandis que de faibles femmes, d'infortunés vieillards, étaient là, *les bras liés*, en face de l'échafaud où la hache polie et luisante se dressait devant eux comme le miroir de l'éternité, les monstres osaient chanter :

> Pour qui ces ignobles entraves ?
> *Pour nous.*

Puis, après avoir vu couler le sang de la dernière de leurs victimes, les cannibales ramenaient à la Conciergerie le tombereau qu'ils venaient de vider sur la place de la Révolution, et allaient le charger de nouveau de vieillards, de femmes et de jeunes filles, au cri de :

> Aux armes, citoyens !

Horrible, affreuse, atroce parodie !

Alors, l'habitant paisible se disait en jetant un triste et long regard sur la charrette vide et en pâlissant d'effroi : C'en est donc fait!... Ils recommenceront tantôt ou demain... Que Dieu me garde !

Aujourd'hui, dans nos cités, l'héroïque chant de la Marseillaise est avant tout une manifestation hostile au pouvoir.

Je crois entendre l'équipage d'un grand vaisseau murmurer contre la manœuvre, et crier : Toutes voiles au vent !... à l'habile et prudent pilote qui, entouré d'écueils, enveloppé d'une épaisse brume, persiste à demeurer en panne ; attendant, dans sa sagesse, l'instant où il pourra franchir la passe fatale et entrer heureusement dans le port.

L'opposition, je dirai presque la presse tout entière, joue depuis quelque temps, à son insu sans doute, le rôle du vieux père d'Horace. Comme lui, animée d'une injuste fureur, elle accuse de lâcheté un Gouvernement dont la prudence nous assure la victoire, et qui,

> Trop faible contre eux tous, trop fort pour chacun d'eux,
> Saura bien se tirer d'un pas si hasardeux.

Plus fier que le héros romain, il dédaigne de fuir ; il s'arrête et attend que la discorde se soit mise dans le camp d'Agripante.

Oui, laissons d'abord le léopard féroce et l'aigle à deux têtes s'approcher de plus près, laissons-les lire dans leurs propres yeux tout ce qu'ils ont l'un contre l'autre de haine, de rancune et de projets meurtriers dans le cœur.

— Car l'énergie ne consiste point à se hâter de prendre une résolution, mais à y persévérer dès qu'on l'a prise. Soyons longs à tirer le glaive ; mais dès que la lame aura une fois brillé à nos yeux, au loin le fourreau et trois fois houra pour la France et son digne chef! Qu'une défaite, deux, trois, quatre ne soient pour nous qu'autant de stimulans, qu'elles ne soient pour nous que comme la blessure au lion, qu'elles ne nous en rendent que plus terribles. Un peuple de trente-trois millions d'hommes qui, après s'être, avec prudence, préparé au combat, se dévoue avec héroïsme à la mort ou à la victoire, est assuré du triomphe s'il n'est divisé.

Patriotes au cœur généreux, au courage indomptable, venez donc à nous ; soyons unis, et nous serons forts et invincibles. Si vous saviez tout ce que l'éternelle tempête que votre opposition soulève autour du vaisseau de l'Etat fait naître de joie et d'espérance dans le cœur de l'étranger, vous n'hésiteriez pas un instant, pas une seconde à sacrifier tout dissentiment sur l'autel de la patrie ; et ce sacrifice vous pouvez le faire sans scrupule, car ce que vous voulez nous le voulons tous : la gloire, le progrès, le bonheur de notre beau pays; nous ne différons que sur les moyens de parvenir à ce but constant de tous nos efforts. Patriotes! n'entendez-vous pas hurler derrière vous les communistes? C'est par un flot de gloire et de liberté que vous voudriez, dans le vœu de vos cœurs, renverser ce qui existe ; pour eux, c'est par un flot de sang qu'ils se préparent à vous renverser à leur tour.

Ainsi, de chute en chute, nous tomberions de l'ordre dans le chaos, et du chaos dans le néant.

Tandis que Sieyès s'écriait avec autant de justice que de vérité, que ce qui n'était rien devait être tout, tandis que la grande voix de Mirabeau réveillait le peuple, Robespierre n'osait se montrer au grand jour. Une seule fois, il se hasarda à prendre la parole en face du géant de la tribune ; deux mots de dédain furent sa réponse, et le tigre de la montagne rentra dans l'ombre, attendant en silence l'instant où il pourrait se livrer à ses instincts féroces, et parler en maître au milieu d'une mare de sang.

Eh ! qui pourrait dire combien de Robespierre et de Marat désirent aujourd'hui votre triomphe qu'ils ne considèrent que comme le prélude du leur ?

Patriotes de bonne foi, déjouez leurs coupables espérances ; venez à nous, car vous ne sauriez douter du zèle et du patriotisme de l'héroïque maréchal que le grand homme, dans un jour de victoire, embrassa sur le champ de bataille en l'appelant le premier tacticien de son empire ; car vous ne sauriez croire qu'il mettrait son illustre épée, dans laquelle se réflètent vingt années de triomphe et de gloire, au service d'un Gouvernement peu soucieux de l'honneur et de la dignité de la France?... Non, non, confiez-vous en lui, en lui plus qu'en vous-mêmes. Il a à conserver sans tache un des plus grands noms de l'époque ; il a à soutenir une immense renommée, et, vous n'avez, à votre insu, que la mission de faire prévaloir la voix des passions les plus exaltées sur celle d'une haute sagesse qui sait, mieux que personne, quels sont les devoirs de la grande race et du grand peuple dans les graves circonstances où nous nous trouvons.

Venez à nous, car vous ne sauriez vous montrer injustes et méfians envers l'homme de génie, de savoir et de probité ; envers l'écrivain profond, l'orateur illustre qui prête au maréchal l'appui de son beau talent et de son énergique caractère.

Patriotes chez qui l'amour du pays l'emporte sur toute autre considération, songez que le jour où votre puissant concours sera acquis à notre dynastie nationale, l'étranger en pâlira d'effroi. Songez que notre roi a eu le pressentiment des dangers qui nous menacent et que nous braverons ensemble, car il a envoyé un de ses fils chercher au delà des mers le *palladium* de la France. Il s'approche, le voilà.

De cet homme dont la pensée fut encore plus puissante que le sceptre ; de cet homme dont le regard était l'éclair, dont l'action était la foudre, que nous rapporte-t-on ?... de froides cendres... Mais de ces froides cendres le grand peuple renaîtra, car ils sont brûlans les souvenirs qu'elles réveillent ; et à peine auront-elles touché le sol, que le pays tout entier tressaillera au contact électrique de ce cercueil, dernier refuge de tant de grandeur et de tant de gloire. Là devise sacrée de l'élu de la France : *Honneur et patrie !...* va produire de nouveaux prodiges ; tous les cœurs français vont lui servir d'échos. Elle va se lever comme un seul homme, cette brave jeunesse dont les lauriers de la victoire ont entouré le berceau ; car, comme l'aigle, elle est née au milieu des orages, et comme lui, fière et audacieuse, elle répondrait par de longs cris de joie à l'appel du canon qui gronderait sur les rives du Rhin.

C'est un descendant de saint Louis qui ramène sur la terre de France les restes mortels du plus grand homme des temps modernes. Le jeune prince de Joinville a mérité cet honneur le jour où il réduisit l'opposition à lui reprocher son excès de bravoure; à le blâmer d'exposer, à sa suite, nos intrépides marins à de trop grands périls.

Il va donc reposer sur la terre de France, sur les bords de la Seine, ce héros malheureux, ce nouveau Thémistocle que la main perfide d'Albion cloua sur le rocher de Sainte-Hélène, pour l'y laisser mourir d'une longue agonie! Déjà sa grande ombre plane sur nous; nous l'invoquerons dans les jours de bataille, et ces jours peut-être ne sont pas bien loin.

Cette fois, c'est pour toujours qu'il va toucher le sol sacré de la patrie; pour lui plus de défections à craindre, plus de trahisons à redouter, plus de fatalité à subir.

> Qu'auraient pu sans le sort, Wellington, l'Angleterre,
> L'Espagnol, le Germain, tous les foudres de guerre!
> A son aigle vainqueur, il les avait soumis;
> Son nom était plus grand que tous ses ennemis.
> > Du regard parcourant la terre,
> > Où les rois tremblaient à genoux,
> > Il semblait dire à son tonnerre:
> > Où maintenant porter mes coups?

Je l'avoue, malgré Waterloo, j'aime mieux voir le cercueil du géant des batailles arriver de Sainte-Hélène que de l'île d'Elbe. Et pourquoi?... je vous le dirai.

1814 nous avait laissés vaincus et presque sans rancune; peut-on en vouloir aux frimats, peut-on lutter contre la nature? La France aurait dormi long-temps du sommeil de la mort sous le linceul qu'avaient jeté sur elle les neiges de la Russie, si le bruit du vol audacieux de l'aigle échappé de ses fers n'était venu l'arracher à cette funeste léthargie, n'était venu l'appeler à de nouveaux combats, et ne lui avait laissé à venger une cruelle injure, car avec lui vint Waterloo !... journée maudite où la France fut, par la fatalité, jetée en holocauste au féroce léopard qu'elle venait de terrasser de sa main puissante qu'elle tenait déjà abattu sous ses pieds. Mais Dieu avait décidé que nous perdrions la journée, et soudain, comme les héros d'Homère, nos soldats sont saisis d'une terreur panique, les armes leur tombent des mains. Pour la première fois, ils oublient que sur le champ de bataille on doit vaincre ou mourir; ils se croient trahis; ils cessent de combattre. Le grand capitaine les voit se retirer en désordre et s'écrie avec désespoir : Ils sont mêlés !... Alors l'Anglais s'avance; il s'empare du terrain qu'on lui cède; il croit l'avoir conquis; il s'imagine être vainqueur; il chante son triomphe... Nous avons cent victoires ! il a son Waterloo...

Eh bien ! oui, Waterloo, je l'accepte, trois fois houra pour Waterloo !... — Waterloo a été pour nous la bataille de Canne; voyez la glorieuse revanche qu'il nous promet et le vaste avenir qu'il nous ouvre; voyez ce que fut Rome après cette sanglante journée, et ce que devint Carthage après ce funeste triomphe.

Les événemens marchent... Les destinées des empires sont écrites de la main de Dieu dans un livre au dessus de la portée des hommes. Leurs passions ne sont que les aveugles instrumens de sa volonté immuable qui préside à tout, ordonne tout et dicte tout.

Les temps approchent.... Annibal a vu les ruines de Carthage; Wellington est l'Annibal de la Carthage moderne, et Wellington est déjà bien vieux.

Au Roi.

Grand Roi, de qui la main puissante

A la tempête menaçante

S'efforce d'arracher la foudre et ses éclats,

Puisses-tu maintenir dans tes vastes états,

Par ta sagesse vigilante,

Le calme, le bonheur et la paix bienfaisante

Qui partout naissent sous tes pas !

A la Reine.

Reine, pour exaucer le plus cher de vos vœux,

Le ciel peut éloigner les malheurs de la guerre.

Le ciel entend la voix des puissans de la terre,

Quand ils sont bons comme les Dieux.

Quand ils sont la providence,

L'appui, l'amour, l'espérance

Des malheureux.

A. S. A. R. MONSEIGNEUR LE DUC D'ORLÉANS.

Ah ! si jamais venait le jour

Où la foudre, en grondant à travers le nuage,

Osait, tout près du sol, braver notre courage,

Tu pousserais un cri d'amour.

Ta voix chérie,

De la patrie

Réveillerait tous les échos ;

Alors viendraient les jours de gloire,

Et de chaque victoire

Tu serais le héros.

A. S. E. M. LE MARÉCHAL SOULT, PRÉSIDENT DU CONSEIL.

Sous tes pas de géant, tu fis trembler la terre ;

Tu portais dans tes mains l'éclair et le tonnerre

Du Dieu que la France attend.

Aujourd'hui, de ton cœur l'héroïque courage

Bravera, s'il le faut, la fureur de l'orage

Que vers nous pousse le vent.

A. S. E. M. GUIZOT, MINISTRE DES AFFAIRES ÉTRANGÈRES.

Retrouvant dans ton cœur la force, l'énergie,

Et cet élan sacré que donne le génie ,

Puisses-tu conjurer l'orage menaçant

Qui déjà devant toi semble fuir en grondant !

       Ta voix puissante,

       Ton éclatante

       Modération ,

       Donne à la France

        L'espérance

     Du triomphe de la raison.

A M. A. THIERS, DERNIER PRÉSIDENT DU CONSEIL.

    Oui , l'amour seul de la patrie

    Exaltait ta fière énergie :

    L'avenir le sait et t'attend.

    De la nouvelle dynastie

    Tu dois être le bon génie

    Et non pas le Châteaubriand.